zen:
mit den Wolken reisen

amiyo ruhnke

zen: mit den Wolken reisen

21 Meditationen in der Natur

Urania Verlags AG

1. Auflage 2000

ISBN 3-908653-10-X

Gestaltung und Satz: Real Dreams, Hamburg
Druck: Freiburger Graphische Betriebe, Freiburg i.Br.
Printed in Germany

INHALT

Zen: Mit den Wolken Reisen

EINLEITUNG

ICH BEGEGNETE MEINEM MEISTER, Osho, als ich noch sehr jung war, und hatte das Glück, fast 20 Jahre lang von ihm die Praxis des Meditierens zu erlernen. Alle Meditationen in diesem Buch sind von ihm und seinem liebevollen Verständnis inspiriert.

1990, nach Jahren schlechten Gesundheitszustands, verließ er seinen Körper an einem wunderschönen indischen Wintertag. Es war ein enormer Schock, die Sterblichkeit eines geliebten Menschen zu erfahren. Er hatte immer wieder über das Sterben als Teil des Lebens geredet. Unzählige Male sprach er über den Tod als Höhepunkt eines erfüllten Lebens und daß er daher gefeiert werden sollte. Die Meldung von seinem Tod gegen 5 Uhr nachmittags kam für die meisten seiner Schüler plötzlich und unerwartet. Wir hörten, daß er noch am selben Abend nach indischem Brauch verbrannt werden sollte. Seinem Wunsch entsprechend, wurde er für 10 Minuten in die Buddha Hall, die Meditationshalle gebracht, so wie er in den vergangenen Monaten allabendlich für 10 Minuten gekommen war, um mit seinen Schülern zu feiern und zu meditieren.

Während ich in der Buddha-Hall saß, um auf das Eintreffen seines Körpers zu warten, bemerkte ich eine eigenartige Empfindung. Bestimmt hast du schon einmal beobachtet, wie ein Stein auf der Oberfläche eines Sees aufschlägt und konzentrische Kreise sich von der Mitte in kleinen Wellen nach außen kräuseln. In langsamen, anmutigen Bewegungen sich weiter und weiter dehnend, bis sie mit der stillen Oberfläche des Sees verschmelzen. Dasselbe schien hier zu passieren. Ein Gefühl, als ob eine Energie in die Unendlichkeit des Universums freigesetzt worden wäre und sich nun in gemächlichen, weichen Wellen in den Bäumen, den Blumen, den Bambus, den Wolken auflöste. Schwerelos wie ein Vogel im Flug am weiten blauen Himmel, ohne Spuren zu hinterlassen. Es war so deutlich, daß ich meinte, die sich weiter und weiter ausdehnenden Kreise sehen zu können.

Auch wenn wir alle sehr gemischte Gefühle dabei hatten, die Existenz schien unseren Meister mit offenen Armen aufzunehmen. Er verschmolz mit den wartenden Bäumen und Blumen. Die Vögel sangen ein Lied zu seiner Ankunft. Er ging in die endlose Weite des Himmels über, und die Existenz vereinte sich mit ihm, tanzend, feiernd.... In diesem Moment veränderte sich mein ganzes Gefühl gegenüber der Natur. Es zeigte mir eine neue Annäherung an das Leben und die Meditation, und es hat sich als verläßlicher Freund in schwierigen Zeiten erwiesen.

Als ich an „Kein Innen, kein Außen", einem Buch über Zen-Koans arbeitete, lebte ich für eine Zeitlang in einem kleinen Ort direkt am Meer. Wann immer es die Zeit erlaubte, ging ich ans Meer und ließ den Wind alle meine überflüssigen Gedanken und Gefühle vertreiben.

Viele der alten Zen-Meister lebten eng mit der Natur verbunden, und in vielen der überlieferten Geschichten werden Bäume oder Blumen dazu benutzt, dem Schüler einen Einblick in seine eigene Natur zu gewähren. Fasziniert fing ich an, mit den Meditationen in den Geschichten zu experimentieren, und so entstand dieses Buch – aus der Freude und der Dankbarkeit gegenüber der Natur, die solch ein geduldiger Lehrer ist. Wenn du das nachste Mal spazieren gehst oder auf der Terrasse sitzt, versuche es. Du wirst überrascht sein, wie bereitwillig die Natur antwortet. Je näher du der Schönheit der Existenz kommst, desto näher kommst du deiner ursprünglichen Natur, deinem Wesenskern. Viel Spaß!

Was ist Meditation?

Meditation heißt Abenteuer – das größte Abenteuer, auf das der menschliche Geist sich einlassen kann. Meditation heißt, einfach nur dasein, gar nichts tun – keine Handlung, kein Gedanken, kein Gefühl. Du bist einfach da, und es ist eine reine Freude. Woher kommt diese Freude, wenn du gar nichts tust? Sie kommt von nirgendwoher, oder sie kommt von überallher. Sie ist unverursacht; denn die Existenz ist aus dem Stoff, der Freude heißt.

Osho

Heutzutage führen die meisten von uns ein gehetztes Leben, um dies zu besorgen, jenes zu erledigen, alle Arbeit schnell zu Ende zu bringen und noch den nächsten Tag zu planen – eine nicht endenwollende Abfolge von tun, machen, planen, denken. Erschöpft fallen wir nachts ins Bett, nur um am nächsten Morgen aufzuschrecken und fortzufahren – immer in der Hoffnung, den Zeiger der Uhr anzuhalten, Atem zu schöpfen und mit dem Leben zu beginnen.

In den letzten Jahren ist Meditation mehr und mehr zu einem Schlagwort geworden, das neue Zaubermittel zum Entspannen und Abschalten. Doch wie? Viele der Techniken erscheinen dem Anfänger kompliziert, die verknoteten Beine in manchen Positionen scheinen jahrelanges Akrobatiktraining vorauszusetzen, ständiges Wiederholen von Mantras soll den sprunghaften Geist beruhigen. Meditation wurde aber nicht nur in Asien praktiziert bzw. von der New-Age-Bewegung entdeckt. Wir alle kennen Meditation, wir kennen das Gefühl des Sich-zu-Hause-Fühlens in sich und auch im Rest der Welt, wir haben nur schlichtweg vergessen, wie wir zu diesem köstlichen Gefühl zurückkehren können.

Weißt du noch, wie du als Kind an einem sonnigen Tag draußen gespielt hast, dich ins Gras gelegt hast, träumerisch in den weiten Himmel geblickt hast? Der Wind berührte deine nackten Arme, die Vögel zwitscherten vergnügt... In diesen Momenten, in diesem *So-Sein* passierte Meditation. Nur *dies*, hier, jetzt.

Meditation ist eine Einladung, zurückzukehren zu diesem Moment, diesen Moment als den einzigen Moment zu leben, das Einssein wieder zu erfahren. In diesem Augen-Blick, in diesem Einssein, verschwindet jegliche Fragmentierung, jedes Gefühl von Getrenntsein, alle Spannung. Du verschmilzt mit der Existenz, mit dem, was „Göttlichkeit" genannt wird. In diesem Einssein, in dieser Verbindung mit dem Ewigen, steht die Zeit still.

In der Existenz ist alles miteinander verbunden, nur der Verstand schafft die Illusion des Getrenntseins. Die Existenz ist wie eine Familie. Nichts besteht nur für sich, getrennt, alles ist wechselseitig voneinander abhängig. Nur der Verstand gaukelt Getrennt-Sein vor. Wenn du empfindsam auf dein Herz und deine Gefühle achtest, wirst du eine tiefe Verbundenheit mit der Existenz verspüren. Aber wir sind so durcheinander, daß wir zu fühlen meinen, wenn wir denken. Meditation hilft, den wirren Zustand wieder in Ordnung zu bringen. Wenn alles an seinem Platz ist, öffnen wir uns der Existenz. Nur ein wenig Entspannung, und es passiert...

Höre für einen Augenblick auf zu lesen, lege das Buch zur Seite und achte auf das, was um dich herum geschieht. Vielleicht hörst du den Verkehr im Hintergrund oder einen Vogel, der singt, ein Hundebellen, oder die Spülmaschine rattert in der Küche. Blicke dich um, sieh den Baum vor deinem Fenster, oder vielleicht steht ein Wolkenkratzer auf der anderen Straßenseite.

Wie fühlt sich der Stuhl an, auf dem du sitzt? Ist er bequem, oder drückt er? Möchtest du lieber eine bequemere Position finden...? Was immer für Empfindungen da sind, achte auf sie, alles, was hier ist, hilft dir in dem jetzigen Moment zu sein.

In dem Moment, da du deinen Körper beobachtest, bist du nicht der Körper. Vielleicht wirst du bemerken, wie Gedanken auftauchen und wieder verschwinden, während du entspannt deinen Körper beobachtest. Die Gedanken sind einfach da, wie Wolken, die über den Himmel ziehen. So wie du die Regungen des Körpers beobachtet hast, so beachte nun die Gedanken.

Du bist nicht die Gedanken, du bist der Beobachter, der Zeuge. Wenn Gefühle auftauchen, werde auch zum Beobachter der Gefühle. In diesem Moment hast du einen ersten Geschmack von Meditation. Du bist zum Beobachter geworden, der wie ein Zeuge diesen Moment betrachtet, mit einem nicht-wählenden Bewußtsein, was immer innen oder außen auch geschehen mag. In diesem Zustand bist du von der Peripherie zur Mitte geworden. Und du hast einen kleinen Geschmack von Meditation erlebt. Wir haben die Neigung, uns den Verstand als eine dichte Masse vorzustellen, dabei ist er ein ständiger Fluß von Gedanken. Stell dir vor, du stehst auf einem Berg an einem sonnigen Tag. Der Wind bläst einige Wolken den Himmel entlang, und die Schatten der Wolken ziehen über die Felder unter dir. Einen Augenblick lang sind die Felder bedeckt von den Schatten der Wolken, im nächsten Moment werden sie von den Sonnenstrahlen erhellt. Wolken ziehen vorbei, der Himmel und die Felder jedoch bleiben unberührt. Deine Gedanken sind wie Wolken. Sie sind einfach da. Gedanken sind wie Wolken an deinem inneren Himmel, sie ziehen vorüber, ohne den Himmel zu stören. Die Wolken sind da, der Himmel ist da, doch die Wolken berühren die majestätische Weite des Himmels nicht. Der wolkenlose Himmel ist deine ursprüngliche Natur, die Erfahrung von Nicht-Denken.

Meditation ist der Zustand des Bewußtseins, in dem sich kein Gedanke regt. Der Verstand ist eine nützliche Methode, um damit die Außenwelt zu beurteilen, um mit ihm die täglichen Dinge zu erledigen, wie z.B. das U-Bahn-Ticket zu kaufen. Meditation ist die Methode, um nach innen zu gehen, um zu unserem Wesenskern zurückzukehren, zu entspannen, zu genießen. In diesen Moment zurückzukehren, ist das Wichtigste.

Und wenn du in diesem Augenblick bist, werden dir selbst gewöhnliche Dinge ungewöhnlich erscheinen.

Meditation lädt dich ein, in die Arme der Existenz zu fallen, mit ihr zu feiern und zu tanzen. Befreie dich von der Vorherrschaft deines Verstandes, diese Befreiung ist Meditation. Meditation ist die Erfahrung der Existenz. Dann löst sich alle Dualität auf, denn in der Existenz geschieht alles gleichzeitig, ohne Trennung.

Öffne deine inneren Fenster, so daß der Wind durch dich weht, die Regentropfen in dir prasseln, der Sonnenschein jeden Winkel durchdringt, daß Göttlichkeit in dir herrscht. Wir können Gott nicht als Person treffen, sondern nur in der Verkörperung der existentiellen Energie. Gott ist keine Person, sondern eine Qualität. Die falsche Vorstellung von Gott als Person hat zu vielen Mißverständnissen geführt. Ein Blume, die dein Herz berührt, ist die Manifestation des Göttlichen, eine Wolke, die über den blauen Himmel zieht, ist Göttlichkeit. Wir müssen nur offen und empfindsam dafür sein, still und staunend wie ein Kind. In diesem Moment ist nur Sein. In diesem Da-Sein lösen wir uns in der Existenz, im Göttlichen auf. Nur in der Unmittelbarkeit erkennen wir die Wirklichkeit, so wie sie tatsächlich ist, in reinem Sein.

ANMERKUNG FÜR DIE LESER

DIE MEDITATIONEN MÖGEN zunächst sehr einfach erscheinen. Laß dich nicht von deinem Verstand zu der Annahme verführen, daß Meditationen komplizierte Gebrauchsanweisungen benötigen oder Jahre eingehender Studien voraussetzen. Es bedarf nur eines offenen Herzens, einer Bereitschaft zum Experiment.

D.T. Suzuki redet von Zen-Geist, Anfänger-Geist. Ein Anfänger hat noch keine Urteile, er weiß nicht, welche Ergebnisse er erwarten kann, und hat daher keine vorgefertigten Ziele, die er erreichen will. Er spielt noch, probiert es einfach mal aus. Es passiert oft, daß der Anfänger sehr schnell aufgrund seiner Unschuld eine tiefe Erfahrung erlangt. Später hat der Verstand ein Konzept von dem, was passieren sollte, entwickelt, und das steht ihm dann im Wege, um tiefer zu gehen.

Bevor du einige Meditationen aus diesem Buch ausprobierst, erinnere dich an deine Kindheit. Wie jeder Tag ein neues Wunder brachte, neue Dinge, die es zu entdecken gab, neue Empfindungen zu schmecken, zu fühlen, zu sehen, zu hören. Laß deinen Verstand wie den eines Anfängers sein, ohne die Ideen und Konzepte des Erwachsenen. Dann werden die Meditationen dich sehr bereichern.

Osho, ein moderner Meister, hat es einmal so ausgedrückt:
„Sei leer. Sieh ohne jegliches Konzept.
Schau in die Natur der Dinge."
Wenn du ohne Idee schaust, wirst du bis in die Tiefe deines Wesens blicken.

Die Blumen im Frühling
– der Mond im Herbst,
im Sommer die kühle Brise
– im Winter der Schnee!
Wenn unnütze Sachen
den Geist nicht vernebeln,
ist dies des Menschen
glücklichste Jahreszeit!

Baso lag schwer krank darnieder.
Der Abt des Klosters kam, um nach ihm zu sehen, und fragte: „Wie fühlst du dich in diesen Tagen?“
Baso erwiderte: „Buddha mit dem Sonnen-Antlitz, Buddha mit dem Mondes-Antlitz.“

Wenn der Tag zur Neige geht, sitze still und betrachte, wie die Sonne untergeht. Langsam verändert das goldene Rund seine Farbe und wird zu einem feurigen Ball, der die Wölkchen am Himmel in Schattierungen von Rosa und Purpur taucht. Majestätisch sinkt sie tiefer und tiefer, bis sie in die Tiefen des Meeres eintaucht. Jeder Moment deutet auf Wandlung hin, und nur wenn du ganz aufmerksam den Lauf der Sonne verfolgst, wirst du ihn sehen können.

Jeden Augenblick verschwindet sie ein Stückchen tiefer hinter dem Horizont. Keine Worte, keine Bilder vermögen den Moment zu beschreiben, in dem die Sonne in den Ozean versinkt. Beobachte in Stille, ohne die Gedanken abschweifen zu lassen, und laß die Sonne auch in dir sich hinabsenken.

Die Nacht bricht an, und die Vögel finden einen Rastplatz. Der mondgesichtige Buddha erscheint am nächtlichen Firmament. Sein mattes gelbliches Rund erhellt die Berge in weichem Licht. Die ganze Existenz ist still und ruhig. Verschmelze mit dieser Stille, in diesem Moment, in dieses Sein.

Jede Regung des Geistes, jede Gegenständlichkeit, jedes Wort, jeder Satz ist dazu bestimmt, zur Erkenntnis zu führen. Aber jede Manipulation ist wie ein Eingriff, bei dem man aus gesundem Fleisch ein Geschwür herausschneidet – und führt von einer Schwierigkeit zur nächsten.

Die Große Wirklichkeit offenbart sich ganz natürlich. Für sie gibt es keine starren Regeln, sie folgt keiner bestimmten Bahn. Doch Achtung, nirgends unter dem Himmel und nirgends auf Erden ist ein klarer Hinweis zu finden. Ein gewaltiger Schleier ist über alles gewebt. Wenn man jedoch versucht, den Weg zu erraten, wird sich nur Verwirrung einstellen. Dies und jenes kann richtig sein. Es ist schwierig. Einsam und ratlos steht man den Gefahren gegenüber. Wenn man aber auf diese beiden Wege nicht geht, wie kann man zurechtkommen?

Einmal fragte Ungan einen Mönch: „Wo warst du?“ Der Mönch antwortete: „Ich habe zu einem Felsen über das Dharma gesprochen.” Ungan fragte: „Hat der Fels genickt?” Der Mönch wußte keine Antwort, und Ungan sagte: „Er nickt, bevor du sprichst.”

Der Verstand hat nur Worte, nur die Sprache zur Verfügung, um über etwas zu sprechen. In der Leere des Herzens schwingt aber eine Stille mit, die am Tanz, an der Freude des Universums teilnimmt. In dieser Stille entsteht eine Nähe und Intimität, die zwei Liebende, die den Mond in einer klaren Nacht betrachten, spüren.

In dieser Stille wird etwas mitgeteilt, das jenseits von Worten ist, das Worte überflüssig macht. Beide Liebende erfahren es, aber es kann nicht in Worte gekleidet werden.

Worte reichen nie an eine Erfahrung heran. Im Zen geht es ausschließlich darum, Erfahrungen zu machen, sich auf das Leben einzulassen.

Das nächste Mal, wenn du auf einen Felsen triffst, probiere doch einmal etwas aus, ein kleines Experiment: Sitze eine Weile zusammen mit dem Felsen, so wie du mit deinem Geliebten sitzen würdest, ganz still. Warte und spüre, was sich zwischen dir und dem Felsen ereignet. Verharre in Schweigen, genieße den Augenblick, gestatte dem Felsen, sich in dir zu entfalten.

Auf unmerkliche Weise fällt die Grenze zwischen dir und dem Felsen. Du wirst eine stille Verbindung spüren, auf einmal wirst du den Fels in seinem tiefsten Inneren verstehen und erkennen, was sein Felssein bedeutet, ohne das auch nur ein einziges Wort gesprochen wird. Du wirst wissen, wie sich die Wärme der Sonnenstrahlen anfühlt, der Regen, der fällt, der Wind, der über dich hinwegstreicht.

Auch der Fels wird dein innerstes Wesen kennen. Aber es kann nur passieren, wenn du den Verstand beiseite läßt, wenn der ständige Lärm der Gedanken für einen Moment aufhört, in tiefer Stille. Der Felsen lebt in Stille, in sich ruhend, eins mit seiner Umgebung. Gehe in dich, sei offen, verletzlich dem Felsen gegenüber. Sei mit dem Felsen, fühle, wie sich die Grenzen zwischen dir und dem Felsen verwischen, vergiß alles andere, gehe ganz in diesem Moment auf, nur dies, jetzt…

Und in dieser Stille wirst du eine tiefe Verbundenheit, ein Einssein mit dem Universum spüren. Ein Baum lebt in dieser Stille, eine Blume blüht in dieser Stille, sie kennt nur diese Stille. Es ist nur der ständige Gedankenfluß, der zwischen dir und dieser Stille steht. In Stille offenbart sich dir die Grenzenlosigkeit der Existenz.

Kyosei fragte einen Mönch: „Was ist das draußen für ein Lärm?"
Der Mönch antwortete: „Es ist der Klang der Regentropfen."
„Die Menschen verdrehen alles", sagte Kyosei. „Sie irren an ihrem Selbst und laufen den Dingen nach."
„Und wie haltet Ihr es, Osho?" fragte der Mönch.
„Ich war nahe daran, aber ging nicht in die Irre", erwiderte der Meister.
„Was meint Ihr mit diesem Satz", fragte der Mönch.
„Die Anfänge sind leicht mitzuteilen", sagte der Meister, „nicht aber das, was nach der Befreiung folgt."

WENN DU DAS NÄCHSTE MAL am Fenster einen Regenschauer abwartest, probiere doch einmal diese Meditation aus: Öffne das Fenster, oder setze dich auf den Balkon. Schließ deine Augen – du wirst sie in den nächsten Minuten nicht brauchen –, und lausche auf die Regentropfen, die herunterprasseln. Sitze ganz still, es gibt nichts zu tun. Nur der Regen fällt vom Himmel. Lausche, höre ganz bewußt auf die Tropfen, die schwer und naß auf die Erde fallen. Vielleicht gibt es andere Geräusche im Hintergrund, laß dich nicht davon ablenken, nimm sie wahr, aber beschäftige dich nicht weiter mit ihnen. Lausche dem Klang des Regens, lausche. Werde zum Lauschen, höre nicht nur mit deinen Ohren, sondern mit deinem ganzen Wesen. Werde das Lauschen.

Wenn wir ein Geräusch hören, reflektieren wir normalerweise sofort darüber. Der Verstand ist in einem andauernden Dialog mit sich selbst, sofort kommentiert er alles, was wir sehen, hören, fühlen… Diese Stimme klingt schön, jenes Geräusch nervt uns… – ein Strom von Beurteilungen ist die Folge. Meditation läßt dich das Lauschen, das Hören selbst werden. Verliere dich in diesem Lauschen. Sowie die Klänge in dich eindringen und tief auf dein Innerstes treffen, gehst auch du tiefer und tiefer in dich. Das Außen wird vergessen, nur deine Mitte bleibt.

Es gibt immer Geräusche um uns herum, nur hören wir sonst nicht so genau hin. Eigentlich blenden wir diesen „Geräuschteppich" lieber aus. Wir hören die Geräusche, das Ohr nimmt sie wahr und vermittelt sie an den analysierenden Verstand weiter. Wenn wir bewußt hören, erlauben wir den Tönen, in uns zu klingen.

Du wirst bemerken, daß wenn du von dem normalen Wahrnehmen der Geräusche zu Lauschen wechselst, du mehr und mehr in deiner Mitte bist, entspannt, im Frieden mit dir. Geräusche kommen von allen Seiten, sie bewegen sich nicht auf geraden Bahnen, sondern schließen dich kreisförmig ein. Fühle, wie du in der Mitte der Klänge sitzt.

Normalerweise bedenken wir nicht, woher die Geräusche an unser Ohr dringen. Achte darauf. In diesem Zentrum wirst du deine Mitte als einen Ort erfahren, der in Klang gebadet wird. In dieser Stille, an diesem Ort kann es keine Geräusche, keinen Klang geben, denn dort kann der Klang nur in Stille gehört werden. Folge den Klängen bis in deine Mitte, wende deine

Achtsamkeit nach innen, folge den Klängen der Regentropfen, und plötzlich findest du dich in der Tonlosigkeit wieder. Alle Geräusche sind vergessen, sogar der Hörende ist vergessen – was bleibt, ist Stille.

Es gibt eine Passage aus der Surangama-Sutra, die sagt: „Der Buddha hat mich angeleitet, in das *Samadhi* (Bewußtsein) durch Lauschen einzutreten... Zunächst wendete ich beim Lauschen den Strom, den Fluß der Bewußtheit, bis ich das Objekt vergaß, und dann, als sowohl der Fluß wie auch das Objekt still wurden, fielen Objektivität und Subjektivität weg.

Ein Hammerschlag – und Alltägliches und Heiliges sind überwunden. Ein Wörtchen – und die Fesseln lösen sich. Wie auf dem Grat eines Eisbergs, auf den Schneiden von Schwertern läuft er dahin. Mitten im Gewühl der Klänge und der Farben sitzend, geht er über Klang und Farbe frei hinweg.

Sehen wir jetzt ab von den verschlungenen Wegen wundersamen Wirkens, und denken wir daran, wie es ist, wenn sich das alles in einem Augenblick vollzieht.

Einmal fragte ein Mönch Dogo: „Selbst wenn Tausende von Meilen keine Wolke am Himmel ist, ist es dennoch nicht der ursprüngliche Himmel. Was ist der ursprüngliche Himmel?" Dogo antwortete: „Heute ist ein guter Tag, den Weizen zu trocknen."

An einem sonnigen Tag, wenn der Himmel strahlend blau und wolkenlos ist, lege dich ins Gras und versinke in das weite Blau über dir. Ohne zu denken, ohne zu kommentieren – „Oh, wie schön der Himmel heute ist, wie unendlich blau er wieder ist”–, schaue einfach nur in das helle Blau. Ohne Anstrengung, mit Empfindsamkeit lasse deinen Blick immer tiefer in das Blau des Himmels sinken, so als ob du in den Himmel hineinschauen würdest. Gehe ganz darin auf, werde eins mit diesem Himmelblau. Langsam, Schritt für Schritt, mit einem regungslosen Bewußtsein verschmelze mit diesem endlosen Blau.

Hast Du dir schon einmal Gedanken darüber gemacht, daß der Himmel kein Ende besitzt? Hast du jemals nach den Grenzen des Firmamentes gesucht? Es hat keinen Anfang und kein Ende. Der Himmel ist ein Raum ohne Grenzen, eine unendliche Weite, die nicht einmal durch die vorbeiziehenden Wolken gestört wird. Es gibt nichts, das den Himmel aus der Bahn werfen kann, nichts, das eine Spur hinterläßt. Und derselbe Himmel ist in dir, derselbe unendlich weite Raum.

An einem trüben Tag, wenn Wolken das Blau verdecken, kannst du die Meditation mit dem Blau deines inneren Himmels versuchen. Schließe deine Augen, werde dir deiner inneren Weite bewußt, deines inneren Himmels. Gedanken werden wie Wolken vorbeiziehen. Bleibe mit deiner Aufmerksamkeit bei der Weite des Himmels, die Wolken ziehen vorüber, aber der Himmel bleibt davon unberührt. Genauso ist es mit dem Beobachter. Die Gedanken ziehen vorbei, aber der Beobachtende bleibt unbeteiligt, ein Zeuge dieser Gedanken. Wenn du ein unbeteiligter Beobachter bleibst, wirst du bemerken, wie sich Lücken zwischen den Gedanken auftun. Der Verstand ist ein Strom von Gedanken, aber jeder Gedanke hat einen Anfang und ein Ende. Es gibt winzig kleine Pausen zwischen den Gedanken, ein Gedanke ist zu Ende, und der nächste hat noch nicht angefangen. Zwischen den Gedanken existieren Lücken, Pausen. In diesen Lücken, wenn die Wolken plötzlich aufreißen und der blaue Himmel durchscheint, geschieht Meditation.

Der äußere und der innere Himmel sind eigentlich eins, nur ein dünner Schleier von Gedanken trennt sie. Wenn der Verstand innehält, wenn du ins Hier und Jetzt geschleudert wirst, dann sind die Schranken gefallen und es gibt nur Sein, nur *dies*.

Shoei – Suibis Schüler – fragte Suibi: „Was bedeutet es, daß Bodhidharma aus dem Westen kam?"
Suibi sagte: „Ich sage es dir später, wenn keiner mehr da ist."
Einige Zeit später sagte Shoei: „Nun ist keiner mehr da. Bitte, Meister, sag mir die Antwort."
Suibi stand von seinem Zen-Stuhl auf und führte Shoei in den Bambusgarten.
Wieder sagte Shoei: „Nun ist keiner mehr da. Bitte, Meister, sag mir die Antwort."
Suibi deutete auf die Bambusstämme und sagte: „Dieser Bambus ist so lang, dieser Bambus ist so lang."

HAST DU EINMAL EINEN BAMBUS genau betrachtet? Er hat eine stabile Außenwand, aber im Inneren ist der Stamm hohl, leer. Eine der Methoden, die Buddha seinen Schülern gab, bestand darin, sich in den Zustand eines Bambus zu versenken. Sich vorzustellen, wie ein Bambus zu sein, ein leerer Raum begrenzt durch Wände aus Haut, und im Inneren eine stille Weite.

Probiere es einfach. Setze dich hin, entspannt, den Rücken gerade. Nimm dir Zeit, und sorge dafür, nicht gestört zu werden. Atme einmal tief aus. Fühle für einen Moment, wie du sitzt. Ist dein Körper in einer bequemen Position? Wenn nicht, erlaube deinem Körper, eine entspanntere Position zu finden. Atme tief aus. Laß den Atem von alleine in deine Lungen zurückströmen, achte nur auf den ausgehenden Atem. Merke, wie dein Körper sich entspannt und der Verstand zur Ruhe kommt. Richte deine Aufmerksamkeit nun auf dein Inneres. Stelle dir deinen Körper als eine in seinem Inneren leere Weite vor, einen Raum begrenzt nur durch die Wände der Haut. Wie bei dem Bambusstamm hat er Außenwände, aber innen ist er hohl, leer. Und so ist es wirklich. Der Körper, die Haut, die Knochen – all das sind die Wände deines tiefsten Inneren, einem unendlich weiten Raum, einer stillen Weite. Mit dieser Vorstellung, mit diesem Gefühl sitze still – beobachtend.

Vielleicht kommen manchmal Gedanken auf, die wie Wolken am blauen Himmel weiterziehen... Vielleicht tauchen Gefühle auf, doch was immer passiert, bleibe der Beobachter. Ganze Stürme mögen vorbeiwehen, die klare Weite deines Inneren bleibt ungestört. Gehe tiefer und tiefer in diese Stille, in diesen weiten Raum, in diese unberührte Leere... Diese Meditation läßt dich die ganze Schönheit deines Innersten erkennen, der stillen Weite, wie der Raum im Inneren des Bambus.

Bald wirst du spüren, wie diese Qualität sich stärker in dir ausbreitet. Ein Gefühl von Weite, von Offenheit wird dich immer öfter begleiten, und in dieser Öffnung wird dich das Universum selbst mehr und mehr ausfüllen. Je weniger dein „Ich" dich ausfüllt, desto mehr kann die Existenz in dir sein.

Unser Verstand, der ständige Fluß unserer Gedanken sind der Wall, der es verhindert, das Einssein mit der Existenz zu spüren. In dem Moment, in dem wir in die Gegenwart zurückkehren, spüren wir Weite, Stille in uns. In dieser Stille sind wir mit der Existenz, mit dem Göttlichen verbunden.

Ein Mönch fragte Joshu in allem Ernst: „Welchen Sinn hat das Kommen des ersten Patriarchen aus dem Westen?" Joshu sagte: „Der Eichbaum da im Garten."
Der Mönch sagte: „Meister, Ihr solltet es nicht mit Hilfe der objektiven Welt zeigen." Der Mönch wollte Joshu prüfen. Joshu entgegnete ganz natürlich: „Ich zeige es Euch nicht mit Hilfe der objektiven Welt." Da fragte der Mönch noch einmal: „Welchen Sinn hat das Kommen des Patriarchen aus dem Westen?" Joshu antwortete: „Der Eichbaum da im Garten."

Wir sind es gewohnt, das Leben mit Worten, mit Sprache zu betrachten. Wir haben vorgefertigte Begriffe über die Dinge, die uns umgeben. Wir benutzen das Wort „Baum", und sofort erscheint in unserem Verstand ein Bild von einem Baum. Aber jeder Baum ist ein einzigartiger Ausdruck der Existenz, so wie jede Blume oder jede Wolke. Mit dem Verstand wirst du nie direkt in die Natur schauen können, manchmal kann das Herz sie erspüren. Meistens bist du aber mehr mit einem abstrakten Konzept des Natürlichen beschäftigt, als mit einer reinen, urteilsfreien Wahrnehmung der Dinge.

Meditation hilft dir, vom Kopf ins Herz zu rutschen, von der Beurteilung des Äußeren zu der Unmittelbarkeit der direkten Wahrnehmung.

Geh zu einem Baum, zu dem du dich hingezogen fühlst, zu dem du eine Zuneigung hast, und setze dich neben ihn. Fühle den Baum, seine Wurzeln, die tief in die Erde reichen, und seine ausgebreiteten Äste, schwer mit unzähligen Blättern, so grün und üppig. Sie geben dir Schatten an sonnigen Tagen, wiegen sich im Wind, und sanft spielen die Sonnenstrahlen mit ihnen. Schau den Baum an, schließe deine Augen und fühle den

Baum in dir. Öffne deine Augen, schaue in den Himmel, mit geschlossenen Augen fühle den weiten Himmel in dir, seine blaue Weite. Öffne die Augen, vielleicht fliegt ein Vogel vorbei, schau! Schließe deine Augen, und fühle den Vogel als einen Teil von dir, in dir. Fange an, „einschließend" zu fühlen. Nach einer Weile wirst du den Baum in dir fühlen können, es wird keine Einbildung sein. In dem Augenblick, da du deine Augen schließt, kannst du die Frische, die Lebendigkeit des Baumes spüren... die Weite des wolkenlosen Himmels, die Vögel, die vorbeiziehen. Mit dem gleichen Gefühl spüre alles in deinem Leben, und große Geheimnisse werden sich dir offenbaren.

Kaiser Wu aus Liang fragte Bodhidharma: „ Was ist das erste Prinzip der heiligen Lehren?" Bodhidharma sagte: „Leere, nicht Heiligkeit."
„Wer steht vor mir?" „Kein Wissen." Der Kaiser verstand nicht, was das zu bedeuten hatte. Daraufhin überquerte Bodhidharma den Fluß und ging in das Land Wei. Der Kaiser sprach später mit Shiko über diese Begebenheit. Der fragte ihn: „Weißt du denn, wer dieser Mann ist?" Der Kaiser sagte: „Kein Wissen". Shiko sagte: „Er ist der Bodhisattva Kannon, der Bewahrer von Buddhas Herz-Siegel." Der Kaiser war voller Bedauern und wollte nach Bodhidharma schicken lassen, doch Shiko sagte: „Es hat keinen Zweck, einen Boten zu schicken, um ihn zurückzuholen. Selbst wenn alle Menschen ihm nachgingen, würde er nicht zurückkommen."

Die chinesischen Zeichen im Originaltext sind kakunen (*kaku*, leer und grenzenlos wie der Weltenraum; *nen*, sein). Katsuki Sekida erklärt, daß die wörtliche Übersetzung „leer und grenzenlos" lauten muß. Leere nicht als negativer Zustand, sondern Leere als Weite, als grenzenlos sich ausdehnendes Bewußtsein. Ein Bewußtsein, das sich anfangs- und endlos ausdehnt.

In dieser Leere bist du nicht mehr ausgefüllt von deinem Verstand, von deinem Ego. In dieser Abwesenheit des Egos existiert nur das Universum, nur die göttliche Existenz.

Sitze für einen Moment still, alleine, ungestört. Fühle, wie du dich langsam immer mehr ausweitest, den Raum um dich herum in alle Richtungen durchdringst. Spüre, wie du alles um dich herum in dich aufnimmst: die Bäume im Garten, den Fluß, den Wind, der mit den Blättern raschelt, die Sonne, die in dir aufgeht, die Wellen, die sich auf dem Ozean kräuseln – was immer passiert, es passiert in dir. Indem du in den grenzenlosen Raum hineinfließt, wirst du eins mit der Grenzenlosigkeit des Universums. Der Verstand kann die Welt nur innerhalb gesteckter Grenzen erfassen; in Meditation, im Nicht-Verstand, wirst du eins mit dem pulsierenden, grenzenlosen Universum.

Du kannst mit dieser Meditation auch nachts experimentieren. In den Momenten, bevor du einschläfst, stelle dir vor, daß das Universum sich in dir bewegt. Anstatt daß du dich im Universum bewegst, bewegt sich das Universum in dir.

Die Sonne ist gerade untergegangen, die Sterne leuchten langsam an deinem nächtlichen Abendhimmel auf, der Mond hängt sichelförmig am Firmament, der gesamte Kosmos entfaltet sich in dir.

Schlafe mit diesem Gefühl, und wache mit dem gleichen Gefühl auf. Mit diesem Gefühl des unendlichen, grenzenlosen Bewußtseins. Und wann immer du einen Moment Zeit hast, erinnere dich an diese stille Weite in deinem Inneren.

„Ich bin gerade initiiert worden und wünsche, im Zen unterwiesen zu werden", mit diesen Worten wandte sich Kyosei an seinen Meister Gensha. „Wie betrete ich den Weg, Meister?" „Hörst du den Fluß in der Nähe?" fragte Gensha. „Ja, Meister", sagte der Sucher. Dann herrschte für einen kurzen Moment absolute Stille, und Gensha sagte: „Da! So betrittst du den Weg."

An einem warmen Sommerabend im Garten schließe die Augen, und lausche auf die Geräusche um dich herum. Ein Vogel zwitschert in einem nahen Baum ein letztes Lied, bevor der Tag zur Neige geht. Die Grillen zirpen zur Begrüßung der lauen Sommernacht, Frösche unterhalten sich laut im alten Weiher, eine verwelkte Blüte bricht raschelnd vom Stengel ab, ein Hund kläfft vielleicht in der Ferne...

Fange an, auf die Geräusche zu lauschen, werde auf sie aufmerksam und dann werde dir der Stille dazwischen bewußt. Ein Vogel singt ein Lied, und im nächsten Augenblick breitet er seine Flügel aus und ist davongeflogen. Achte auf diese Lücken, auf die Intervalle zwischen den Geräuschen.

Verlagere deine Aufmerksamkeit von den geräuschvollen Zeiten zu den lautlosen Lücken dazwischen. Richte deine ganze Aufmerksamkeit auf die Stille zwischen den Klängen und Geräuschen um dich herum. Entspanne dich in dieser Pause zwischen den Geräuschen, und werde die Stille. Löse dich darin auf. Erlaube nur das Lauschen, das Lauschen in die Stille, in grenzenlose Stille. Wenn es dir leichter fällt, kannst du auch einem Klang lauschen, wie er in der Stille verhallt. Die

Kirchturmuhr im nächsten Dorf schlägt laut und verklingt. Folge dem Klang, höre mit deiner äußersten Aufmerksamkeit, bis der Ton in der Lautlosigkeit verhallt ist. Wenn Stille herrscht, schließe deine Augen und gehe nach innen. Du kannst es mit jedem Ton machen.

Du kannst es auch mit Worten probieren. In einem Gespräch gibt es Pausen zwischen den Worten. Fange an, auf die Pausen zwischen den Worten zu achten. Wir sind nicht daran gewöhnt, und es wird sich zunächst merkwürdig anfühlen. Wir sind sehr beschäftigt mit den Worten, mit dem Verstand. Wechsel die Betonung. Interessiere dich mehr für die Pausen, die Zwischenräume. Achte auf die Momente zwischen den Worten, zwischen den Tönen. Bald wirst du vertraut sein mit der Stille, mit der Tonlosigkeit. In der Stille erfährst du deinen Wesenskern, deine wahre Natur.

Ein Mönch fragte Ummon, einen großen Zen-Meister: „Was ist das Bewußtsein Augenblick um Augenblick?" Ummon gab zur Antwort: „Reis in der Schale, Wasser im Eimer!"

In diesem Moment, in diesem Sein, ist alles an seinem Platz. Moment für Moment, *jetzt.* Hier. Nur der Verstand rast von der Vergangenheit in die Zukunft, von der Erinnerung zur Vorstellung der Zukunft, nicht für einen Augenblick in der Gegenwart.

Du kannst die Meditation im Garten mit einer Blume versuchen, aber jeder Gegenstand eignet sich dafür. Eine schöne Schale auf dem Tisch oder eine blühende Rose im Garten... Sieh die Rose, als ob du sie zum erstenmal sehen würdest. Deine erste Rose... Kein Vergleich, kein Urteil wie „ist sie nicht schön?“ oder „welche Farbe!“. Erlaube keine Worte zwischen dir und der Rose. Schaue einfach, betrachte sie...

In diesem Moment existieren nur die Blume und du. Merkst du, wie schwierig es ist? Der Verstand fängt sofort an zu kommentieren, er analysiert die Rose, vergleicht sie mit anderen Rosen, die du früher gesehen hast. Bleibe dabei, sie nur zu betrachten. Und plötzlich wirst du eine tiefe Verbundenheit mit der Rose spüren, ihre Vitalität, ihre Lebendigkeit. Werde eins mit der Rose, verschmelze mit ihr.

Bleib mit diesem Gefühl, mit der sich ständig erneuernden Gegenwärtigkeit, Moment für Moment für

Moment. In dem Augenblick, wo du es leicht mit Dingen tun kannst, mit denen du nicht so stark verbunden bist, versuche es mit deinem Mann, deiner Frau oder deinen Kindern.

Am Anfang ist es schwieriger mit Personen, mit denen man stark verbunden ist, deswegen versuche es zuerst mit einem Baum, einer Schale, einem Ding, das in deiner Nähe ist. Später kannst du die Meditation mit Personen probieren. Du wirst sehen, es wird eine Atmosphäre der Entspannung und des Verschmelzens schaffen, in der du die Personen zum erstenmal siehst.

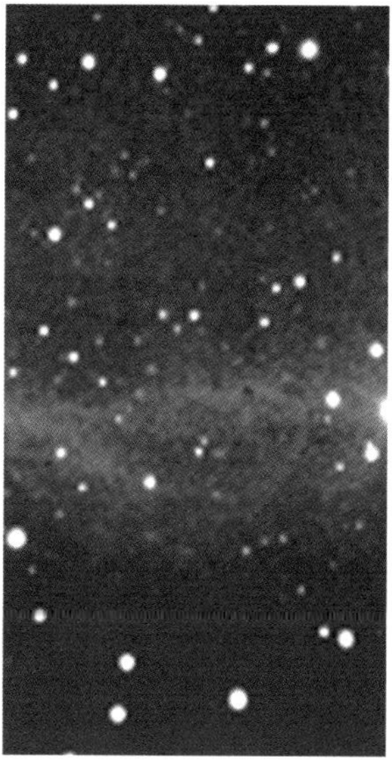

Ein anderes Mal sagte ein Mönch zu Nansen: „Da ist ein Edelstein am Himmel, wie können wir ihn bekommen?" Nansen sagte: „Fälle den Bambus und mache eine Leiter; stelle sie an den Himmel und hole ihn dir!" Der Mönch sagte: „Wie kann eine Leiter an den Himmel gestellt werden?" Nansen sagte: „Wie kannst du bezweifeln, daß du den Edelstein bekommen könntest?"

IN EINER STILLEN, WOLKENLOSEN NACHT lege dich ins Gras und schaue in den klaren Nachthimmel. Suche einen Stern, zu dem du eine Zuneigung verspürst. Konzentriere dich auf diesen Stern.

In einer klaren Nacht wird es viele Sterne geben, beachte aber nur den Stern, den du dir ausgesucht hast. Andere Sterne werden heller scheinen oder fader am Himmel stehen.

Bleibe mit ungeteilter Aufmerksamkeit bei deinem Stern. Laß die anderen Sterne mehr und mehr in den Hintergrund treten, bis nur dein Stern übrig bleibt. Schaue auf den Stern am Himmel, nimm ihn in dich auf, als ob du ein Teich wärst, in dem der Stern reflektiert wird. Sowie du den Stern außen siehst, wird er in deinem Inneren reflektiert. Sterne sind aus Licht gemacht, unser Wesen aber auch. Bald wird sich eine Übereinstimmung mit deinem Stern ergeben, eine Art Synchronizität wird entstehen.

Laß deinen Blick auf ihm verweilen, schließe die Augen, fühle ihn in deinem Inneren. Öffne deine Augen, und blicke wieder auf den Stern, nach einer Weile schließe die Augen und sieh den Stern in dir. Spüre ihn in deiner Mitte, in deinem *hara*, einer Stelle etwa vier cm unterhalb des Nabels. Dasselbe sanfte, schöne Sternenlicht, das du am Himmel gesehen hast, erstrahlt in dir. Fühle dieses Licht in deiner Mitte, tief in deinem Inneren. Von dort wird es sich ausbreiten, bis es eines Tages dein ganzes Wesen umhüllt.

Zuigan fragte Ganto: „Was ist das ewige und grundlegende Prinzip der Dinge?" Ganto antwortete: „Bewegung." Zuigan fragte: „Was ist diese Bewegung?" Ganto sagte: „Wenn du siehst, wie die Dinge sich bewegen, kannst du dann nicht dieses ewige und grundlegende Prinzip der Dinge erkennen?" Zuigan war in Gedanken versunken, und Ganto sagte: „Wenn du dem zustimmst, bist du noch immer im Staub dieser Welt gefangen; wenn du widersprichst, wirst du immer dem Leben und dem Tod verfallen sein."

Erinnerst du dich an die warmen Sommertage in deiner Kindheit, an denen du das Kommen und Gehen der Wellen auf dem Meer beobachtet hast und der warme Sand durch die gespreizten Finger rieselte.

Manche Wellen waren klein und rollten nur langsam zum Ufer, andere türmen sich mächtig auf. Sie entsprangen dem Meer, spielten auf seinem Rücken auf ihrem Weg zum Strand, entstehend und wieder zurückfallend in das weite Meer. Obwohl jede Welle einzigartig ist, sind doch alle ein untrennbarer Teil des ganzen Ozeans. Die Wellen sind der Ausdruck des Meeres. Wir empfinden sie als getrennte, einzelne Formen, doch in Wirklichkeit sind sie das Spiel des Ozeans.

Wellen entstehen und lösen sich wieder im Ozean auf, das Meer aber verändert sich nicht. Eigentlich wäre es besser, nur von der Tätigkeit als „wellen“ zu sprechen. Es gibt keine Welle, sie besteht nur in der Tätigkeit des Meeres, ohne diese Beschäftigung des Meeres existieren keine Wellen. Wenn der Wind nicht mit dem Ozean spielt, ist das Meer still und unbewegt.

Genauso ist es mit allem Leben. Ein Baum ist nie derselbe Baum, er ändert sich ständig, der Fluß ist nie der gleiche, er ist im ständigen Fluß. Nur die Sprache schafft Dinge, der Baum, der Fluß, das Leben kennen keine Dinge, es gibt nur ein sich ständiges Ändern, Bewegen. Die Natur ist im ständigen Wandel, sie ist Bewegung. Und die Wellen sind keine eigenständigen Wesen, sie sind mit dem Ozean verbunden, sie sind eins mit dem Ozean.

Wir existieren in derselben Verbundenheit, in dem Einssein mit der Existenz. Wir sind nur scheinbar unabhängige Einzelwesen, in einer tieferen Wirklichkeit sind wir der einzigartige Ausdruck des schöpferischen Spiels des Universums, mit dem wir alle verbunden sind.

Sitze still und fühle das Kommen und Gehen der Wellen in dir. Mit jedem Einatmen erhebt sich eine Welle in dir, mit jedem Ausatmen sinkt sie zurück in den Ozean. Aufsteigen und Sinken, Kommen und Gehen. Richte deine Aufmerksamkeit auf den Moment zwischen dem Einatmen und dem Ausatmen – genau auf das Intervall zwischen den beiden. Sei wachsam in diesem Moment, in dem alles still steht und nur der Beobachter bleibt. In diesem Augenblick des Zeugeseins bist du in deiner Mitte. Du bist das Zentrum des Universums.

Rikko Taifu unterhielt sich einmal mit Nansen Osho und sagte: „Jo Hoshi hat gesagt: ‚Himmel, Erde und ich sind aus derselben Wurzel. Alle Dinge und ich sind aus der gleichen Substanz.' Ist das nicht phantastisch?"

Nansen zeigte auf eine Blume im Garten und erwiderte: „Heutzutage sehen die Menschen diese Blume wie im Traum."

Es gibt die Geschichte von einem Zen-Mönch, der durch den Duft von Pfirsichblüten erleuchtet wurde. Wie offen, wie empfindsam und wach er in diesem Moment gewesen sein muß. Leider ist heute so eine Empfindsamkeit für Düfte und Gerüche selten. Einst war der Geruchssinn sehr wichtig zum Überleben, aber jetzt ist er bei den meisten Menschen dürftig entwickelt.

Diese Meditation beschäftigt sich mit Düften und ihrer Abwesenheit. So wie wir gerne eine Blume anschauen, ihre feinen Blütenblätter bewundern, ihre schillernden Farben, beachten wir auch den feinen Duft, den ihre geöffneten Blüten verströmen.

Du kannst die Meditation mit einer Rose versuchen oder mit einer anderen Blume, die duftet: Stell dich ganz nahe an den Rosenstrauch, und atme seinen Duft ein, bis er alle deine Sinne erfaßt hat. Der Duft der Blume hüllt dich wie ein Umhang ein. Dann, langsam, tritt etwas zurück, ein kleines bißchen, so daß du immer noch den Duft riechen kannst. Achte nur auf den Geruch der Rose, vergiß das Aussehen der Blüten, vergiß alles, was um dich herum geschieht. Du kannst die Augen auch schließen, wenn es dir hilft, dich leichter auf den Duft zu konzentrieren. Tritt ein paar Zentimeter von der Rose zurück, weiter und weiter. Versuche weiterhin, den Duft wahrzunehmen. Wenn du merkst, wie der Geruch mit der Entfernung abnimmt, gehe wieder so dicht heran, daß du ihn noch riechen kannst. Zu deiner Überraschung wirst du am Anfang den Duft nur in geringer Nähe riechen können, aber je mehr du es versuchst, desto weiter kannst du dich von der Rose entfernen und trotzdem ihren Duft riechen.

Gehe spielerisch damit um. Stehe so nah, daß du die duftenden Blüten riechen kannst, dann bewege dich langsam fort, bis du deutlich seine Abwesenheit wahrnimmst.

Selbst in seiner Abwesenheit wird dich etwas an den Duft erinnern. In einem Moment war er anwesend, im nächsten abwesend. Der Unterschied ist ganz fein, und die wirst die Veränderung nur wahrnehmen können, wenn du deine ganze Achtsamkeit darauf richtest. Wenn keine Gedanken mehr wie Wolken vor dein Bewußtsein der duftenden Blume ziehen, hat der Strom der Gedanken aufgehört. Von Verstand zu Nicht-Verstand, vom Werden zum Sein, nur *dies.*

Ein alter Mann fragte Ummon: „Was für eine Zeit ist das, wenn die Bäume sich verfärben und die Blätter zur Erde fallen?“
Ummon sprach: „Dann offenbart der goldene Wind sein ganzes Wesen.“

Gehst du gerne an einem klaren Herbsttag spazieren? Das verfärbte Laub raschelt unter deinen Füßen, die Sonne erwärmt den kristallblauen Himmel, die letzten Vögel ziehen in den Süden…

Vielleicht liegt schon der erste Rauhreif weiß auf dem Gras… Es ist die Zeit, in der die Bäume von stürmischen Winden geschüttelt und gerüttelt werden, goldene und dunkelrote Blätter wirbeln bunt durch die Luft, die ganze Existenz feiert und tanzt.

Bei deinem nächsten Spaziergang bleibe an einem Baum stehen. Schließe deine Augen, und achte auf den Wind, der um den Baum tanzt und durch die Äste fegt. Fühle, wie du langsam mit dem Baum verschmilzt und der Wind durch dich bläst, als ob du ein Teil des Baumes wärst. Gedanken tauchen auf, laß sie vorüberziehen, achte nicht auf sie.

Fühle, wie der Wind durch dich bläst, dich bis in jede Zelle mit seiner lebendigen Kraft erfüllt, jede Berührung des Windes dich mit Leben erfüllt. Spüre, wie der Wind alle Gedanken fort weht, mit der gleichen Kraft, mit der er die Blätter durcheinanderwirbelt. Werde wie der Baum, setzte dich der Sonne, dem Wind aus, nimm es an in Stille, mit Dankbarkeit.

Am Anfang wird es sich vielleicht etwas merkwürdig anfühlen. Probiere es, und wenn du den Kunstgriff beherrschst, tauchst du ein in ein Gefühl des Heimkommens, des Einsseins mit der Existenz. Du kannst es auch mit der Sonne versuchen. Fühle an einem sonnigen Tag, wie die Sonnenstrahlen nicht nur deine Haut berühren, sondern tief in dich eindringen, durch dich hindurch scheinen. Oder der Regen, der in dich fällt…

Bleibe dabei, und langsam wirst du dich auflösen in der Existenz, mit ihr verschmelzen. Das Ich ist verloren, und nur ein existentielles Gefühl von *Sein* wird übrigbleiben.

Ummon sprach zu den versammelten Mönchen: „Der Alte Buddha trat in geistiger Verbindung zu einer im Freien stehenden Säule; welche Energie war da am Werk? Und anstelle der Mönche beantwortete er selbst die Frage: „Über dem Südberg steigen Wolken empor; über dem Nordberg geht ein Regen nieder."

Die meiste Zeit verbringen wir in einer Welt von Träumen, atmend und lebend, aber wie in einem Traum, schlafwandlerisch. Ist dir aufgefallen, daß wir nur in neuen, unbekannten Situationen wirklich sehen? Wenn wir in einer bekannten Umgebung sind, sehen wir uns Dinge nicht wirklich an.

Versuche etwas: Schau dich in dem Zimmer um, in dem du dich gerade befindest. Schau es dir an, als ob du zum ersten Mal in diesem Zimmer wärst. Erinnerst du dich noch, wie leer es beim Einzug war? Dann kamen die Möbel, Bilder dekorieren nun die Wände, Pflanzen stehen auf den Fensterbänken... Jetzt ist es dir so bekannt, daß du kaum noch bemerkst, was eigentlich alles in dem Zimmer ist.

Oder der Weg zum Lebensmittelhändler, jeden Tag gehst du den gleichen Weg zum Einkaufen, aber siehst du die Straße mit derselben Neugierde an wie beim ersten Mal?

Wann war das letzte Mal, daß du deine Frau, deinen Mann mit dem gleichen Blick wie beim ersten Mal angeschaut hast? Halte einen Moment inne, versuche es.

Sieh den Hibiskus in deinem Garten, gestern vielleicht war dort eine Knospe, und heute ist sie aufgeblüht, morgen ist sie vielleicht schon verwelkt. Beobachte die Blüten, sieh hin, nimm sie wahr...

Denke nicht dabei, beobachte nur. Laß den Verstand beiseite, du brauchst ihn dafür nicht, nur einen frischen Blick aus unschuldigen Augen. Vergiß deinen täglichen Trott, und werde zum Beobachter, wo immer du bist, wo immer du hinschaust, tue es mit den frischen Augen eines Kindes, das die Welt zum ersten Mal entdeckt. Eine Last wird von dir abfallen, die Last der Erinnerung. Wenn du die Dinge immer wieder neu ansiehst und entdeckst, wie kann dann Vergangenheit aufkommen? Die Vergangenheit ist nur eine Ansammlung von Erinnerungen des Verstands. Wenn du anfängst, die Dinge in jedem Augenblick neu zu sehen, werden sich keine Erinnerungen mehr ansammeln können, und jeder Moment, jedes Ding wird die Schönheit des Unentdeckten haben.

Du kannst die Meditation mit einer Blume machen, aber alles eignet sich dafür, das Telefon auf deinem Schreibtisch, deine Schuhe, eine Tasse auf dem Tisch, ganz gleich, was sich in der Nähe befindet. Erinnere dich daran, und bald wirst du die Dinge so sehen, wie sie wirklich sind. In *diesem* Moment, *jetzt*, ist Meditation.

Ein Mönch fragte Kyorin: „Was ist der Sinn, daß vom fernen Westen her der Patriarch herkam?"
Kyorin erwiderte: „Vom langen Sitzen müde."

Eine Frage oder ein Koan wird im Zen häufig gestellt: „Was bedeutet es, daß Bodhidharma aus dem Westen kam?" Bodhidharma verließ Indien und kam nach China, um dort Buddhas Lehren zu verbreiten. Er war der ersten Patriarch des *Ch'an,* wie das Zen in China genannt wurde. Nach seiner Ankunft ließ er sich im Kloster Shao-lin nieder. Dort saß er neun Jahre lang und blickte auf eine Mauer, bis sein erster Schüler Eka kam, dem die Lehre übertragen werden konnte.

Die tiefere Bedeutung der Frage ist „was ist das Wesen des Buddhismus? Was ist die Essenz der Lehre Buddhas?"

Im Zen war *Za-zen* – einfach sitzen, nichts tun, keine Tätigkeit – schon immer von großer Bedeutung. Du kannst es auch versuchen. Suche dir einen ruhigen Platz, vielleicht eine Ecke im Garten oder wie Bodhidharma eine Wand draußen oder im deinem Zimmer. Du brauchst keinen besonderen Platz, aber am Anfang ist es besser, jeden Tag denselben Platz zu benutzen. Es ist egal, auf was du schaust, es sollte nur nicht so anregend sein, daß dein Verstand sich zerstreuen läßt. Am besten ist eine einfache, schmucklose Wand. Setzte dich hin, und finde eine bequeme Position.

Atme tief aus, entspanne dich. Wenn du möchtest, kannst du deinen Oberkörper für einen Moment sanft hin und her wiegen, bis du eine Art Zentriertheit spürst, als ob du Wurzeln schlagen würdest. Wenn du eine bequeme Position gefunden hast, sitze so regungslos wie möglich da, ohne dich zu verspannen, den Rücken gerade, die eine Hand in die andere auf den Schoß gelegt.

Halte die Augen halboffen. Der Blick ruht weich auf einer Stelle vor dir, ohne etwas besonders zu betrachten, einfach ein entspannter Blick. Schau dich nicht um, hierhin oder dahin, bleibe mit dem Blick an der gleichen Stelle haften und laß dich nicht dazu verleiten, den Blick umherschweifen zu lassen. In deiner inneren Einstellung wähle nicht etwas Bestimmtes aus, blicke mit einem unbeteiligten Bewußtsein auf die Stelle vor dir. Fokussiere deinen Blick nicht, was immer in deinem Blickwinkel geschieht, laß es einfach passieren.

Wenn ein Vogel singt, nimm ihn wahr, sein Gesang erreicht dein Ohr, ein Blatt fällt raschelnd zur Erde, es geschieht, bleibe der Beobachter, ein stiller Zeuge von dem, was geschieht, kommentarlos. Atme ganz natürlich, ändere es nicht. Versuche nicht, langsamer zu atmen. Laß es geschehen, daß sich dein Atmen entspannt, atme einfach weiter, ganz natürlich und entspannt. Am Anfang werden vielleicht viele Gedanken auftauchen. Sie sind immer da, nur bemerken wir sie unter all unserer Geschäftigkeit im Alltag nicht. Laß die Gedanken einfach dasein. Sie werden kommen und gehen, während du still bleibst, unbeweglich, ein Zeuge von dem, was passiert.

Erinnere dich daran, nicht zu wählen, nicht das eine über das andere, nicht dieses oder jenes auszuwählen. Du bist der Beobachter, unvoreingenommen, sehend, so empfindsam und aufmerksam wie möglich. Wenn ein Gedanke dir eine Geschichte erzählt und dich weit fortgeführt hat, erinnere dich daran, zu diesem Moment zurückzukommen.

Vielleicht brummt eine Fliege um dich herum und setzt sich auch noch auf deinen Arm. Wenn du den Impuls verspürst, sie wegzubürsten, experimentiere doch einmal und laß sie ruhig weiterkrabblen. Beobachte die Empfindungen, die sie auslöst. Das leichte Kribbeln ihrer Beine, die auf deinem Arm stolzieren, und wie du sofort versucht bist, sie zu verscheuchen. Beobachte, bleibe ein Zeuge dieses Geschehens, ungestört von so einer kleinen Fliege. Oder wenn du sie wirklich wegscheuchen willst, tue es wie ein Buddha, langsam, anmutig, mit Bewußtheit.

Allmählich wird der Verstand stiller werden. Wenn der Körper unbeweglich ist, wird der Verstand gleichfalls zur Ruhe kommen. Der Verstand braucht die Bewegung des Körpers, um sich selbst zu bewegen, sie sind voneinander abhängig. Du wirst spüren, wie sich der Körper entspannt und die Gedanken abnehmen, bis nur noch Sein da ist.

Ummon lehrte seine Schülerschaft: Zwischen Himmel und Erde, inmitten des Universums gibt es einen Schatz, der verborgen ist in körperlicher Form. Tretet ein in die Buddha-Halle mit der Laterne in der Hand. Nehmt das Dreifache Tempeltor, und setzt es über die Laterne.

LU-TSU SAGTE: „Läßt man das Licht sich im Kreise bewegen, so kristallisieren sich alle Energien des Himmels und der Erde, des Lichts und der Dunkelheit." Wir haben uns daran gewöhnt, nach außen gerichtet zu leben. Extrovertiert ist unsere Aufmerksamkeit ständig auf die Äußerlichkeiten der Welt gerichtet. Selten wenden wir uns nach innen, um unsere innere Weisheit neu zu entdecken.

Wir gehen durch den Garten und sehen eine wunderschöne Blume am Wegrand. Plötzlich sind wir verzaubert von ihrer Schönheit, selbstvergessen bewundern wir ihre Anmut, sind entzückt von ihrem Farbenspiel, der zarten Form der Blütenblätter.

Es passiert nicht nur mit Blumen, auch andere Dinge können uns in ihren Bann ziehen. Wir haben uns an diesen nach außen gerichteten Strom der Energie, des Lichts gewöhnt. Lu-Tsu sagt, wenn dieses Licht, dieses Bewußtsein, sich im Kreise bewegt, kristallisieren sich alle Energien.

Mache ein Experiment. Suche dir eine schöne Blume im Garten. Stell dich vor sie, und laß deinen Blick für ein paar Minuten auf ihr ruhen. Dann wechsele die Perspektive, die Blume schaut jetzt dich an. Es ist ein

Kreislauf, erst hast du die Blume angeschaut, nun schaut die Blume dich an. Zunächst wird es dir verrückt vorkommen, weil du so daran gewöhnt bist, von innen nach außen zu schauen. Nur selten wendet sich der Blick nach innen. Immense Energie wird zu dir zurückfließen, wenn die Blume dich anschaut. Laß diesen nährenden Strom von Licht, von Bewußtheit in dich einströmen. Erlaube ihn.

Du kannst das Experiment auch mit dir selbst und deinem Spiegelbild machen. Im Badezimmer, vor dem Spiegel, schau für ein paar Minuten in deine Augen. Kehre den Vorgang um, und erlaube deinem Spiegelbild, dich anzusehen. Der rückläufige Strom der Energie schließt den Kreis, und in diesem Moment durchfluten dich kraftvolle Energieströme von Lebendigkeit und Vitalität.

Eine wunderschöne Erfahrung ist es, wenn du es mit deinem Geliebten probierst. Schaut einander in die Augen. Für ein paar Augenblicke blickst du ihn an, dann umgekehrt, nun blickt er dich an. Fühle, wie die Energie in dich zurückströmt. Eine neue Art von Energie wird zwischen euch entstehen. Genieße dieses Geschenk.

Ein Mönch fragte Chimon: „Was ist die Lotusblüte, wenn sie noch nicht aus dem Wasser herausgekommen ist?“
Chimon sagte: „Die Lotusblüte.“
Der Mönch fragte Chimon: „Und wenn sie aus dem Wasser heraus ist?“
Chimon sagte: „Die Lotusblätter.“

Alles ist in ständiger Bewegung, in permanenter Veränderung. Wir erleben die Dinge nur als statisch, weil wir in unseren Konzepten und Ideen von der Welt gefangen sind. Du sagst „meine Frau“ oder „meine Kinder“, und in deinem Verstand erscheint ein Bild von „deiner Frau“. Aber deine Frau, dein Mann, deine Kinder sind alle lebendige Wesen, in ihrer Lebendigkeit verändern sie sich ständig.

In der Existenz gibt es keinen Stillstand. Jeder kleine Teil verändert sich, selbst Berge und Felsen, nichts bleibt jemals an einem Punkt stehen. Manche Dinge bewegen sich sehr schnell, andere, wie die Berge, nur sehr langsam, zu langsam für unsere Augen, aber sie sind in Veränderung begriffen. Sie werden geboren, sie altern, sie sterben…

Im Frühling säen wir und warten, bis im Sommer die Pflanze wächst und Blüten trägt. Schau dir ein Samenkorn an. Es ist nur ein Samen, aber in dem Samen ist die Blume schon enthalten. Er ist so klein und unscheinbar, und doch enthält er alle Informationen, die er braucht, um zu einer Blume zu werden. Nur die Sprache vermittelt uns ein Gefühl der Beständigkeit. In Wirklichkeit ist das Samenkorn schon ein Baum, bevor es zum Baum wurde, es ist nicht etwas davon Getrenntes, keine unveränderbare Form, die gleich bleibt. Die Existenz ist ein lebendiger, schöpferischer Prozeß, in stetiger Wandlung. Und das Samenkorn braucht Mut, denn um ein Baum zu werden, muß es aufhören, ein Samenkorn zu sein. Nur wenn es seine Form als Samen aufgibt, kann es ein Baum werden. In seinem Kern war es schon immer ein Baum, so wie du in deinem Inneren schon immer ein Buddha gewesen bist, in Stille ruhend, unveränderlich.

Meditation ist die Suche nach dem Unveränderlichen. Beginne zu beobachten, was sich nicht in dir verändert. Du wirst feststellen, daß du dich viele Male am Tag veränderst, einen Moment bist du verärgert, im nächsten besorgt, einen Augenblick später freudig... Viele Male während des Tags ändert sich deine Persönlichkeit.

Werde ein Beobachter dieser wechselnden Stimmungen und Persönlichkeiten in dir. Gehe nach innen, und achte auf das Unveränderliche in dir. Dieses Unvergängliche ist der Beobachter, das in sich ruhende Bewußtsein. Laß alles los! Wie ein Samenkorn, das stirbt, um ein Baum zu werden... Es gibt nichts zu tun, nur ein stilles Beobachten. Kämpfe nicht mit den Gefühlen, die aufkommen. Beobachte sie einfach weiter. Was immer passiert, akzeptiere sie. Sei wie das Samenkorn, das, bis es zum Baum wird, die Veränderungen geschehen läßt, ohne Festhalten, ohne Kampf. In dem stillen Beobachten geschieht Entspannung, denn was in der Vergangenheit Spannungen verursacht hat, hat nun keine Angriffsfläche mehr. Du hast eine Bewußtheit erlangt, die keine Wahl mehr treffen muß, sondern alles annehmen kann, was kommt. Alles ist in stetem Fluß, nur der Beobachter ist unveränderlich, unbeweglich, hier, jetzt.

Lotusblume, Lotusblätter –
laßt mich euch nur sagen:
überm Wasser, unterm Wasser
– sinnlos solche Fragen.
Geh vom Strom nach Nord und Süd,
frag der Weisen Höchsten.
Wird gelöst ein Zweifel,
taucht schon auf der nächste.

Einmal fragte Yakusan seinen Schüler Ungan: „Was tust du da?“

Ungan antwortete: „Ich trage Wasser.“

Yakusan fragte ihn: „Und was ist mit dem Kerl?“

Ungan erwiderte: „Er ist hier“.

Daraufhin fragte Yakusan: „Für wen arbeitest du?“

Ungan sagte: „Ich bin für diesen Kerl beschäftigt.“

Yakusan fragte: „Warum läßt du den alten Knaben nicht mit dir arbeiten?“

Ungan antwortete: „Osho, jetzt halt ihn nicht zum Narren.“

Yakusan sagte daraufhin: „Sag das nicht. Hat er denn jemals Wasser getragen?“

IST DIR SCHON EINMAL AUFGEFALLEN, daß es einen Moment zwischen einatmen und ausatmen gibt, wo der Atem für einen Moment stoppt? Einatmen, es entsteht eine winzige Pause, ausatmen, wieder eine kaum wahrnehmbare Pause. Beobachte es. Einatmen… ausatmen… Ändere deinen Atem nicht, atme nicht forciert anders, ganz natürlich, ohne Veränderung, nur die Lücke zwischen den Atemzügen beobachtend.

Womit du gerade auch beschäftigt sein solltest, achte auf die Pause. Jeder Zeitpunkt ist dafür geeignet. Du gehst, deine Füße machen einen Schritt nach dem anderen, um den Körper zu bewegen, aber deine Aufmerksamkeit ist auf die Pause gerichtet.

Während du ißt, achte auf die Lücke zwischen den Atemzügen. In dem Moment der Pause bist du in deiner Mitte, in deinem Wesenskern. Nichts bewegt sich in dieser Stille. Es gibt Beschäftigung an der Außenseite, aber deine Aufmerksamkeit ist auf dein Sein, auf deine Mitte gerichtet.

Es gibt zwei Ebenen, Tun und Sein. Was beide verbindet, ist der Atem, Tun passiert außen, Sein im inneren. Aktivität geht außen weiter, aber die Achtsamkeit gilt der Lücke zwischen den Atemzügen. In diesem

Spalt zwischen einatmen und ausatmen bist du in deiner Mitte, an der Quelle des Universums. In diesem Augenblick gibt es nur Sein, nur *dies*...jetzt... hier...

Tsen, das schleichende Ungeheuer, hatte sich einen ganzen Tag in den Bergen ergangen, bis er abends wieder durch den Klosterhof schritt. Der Vorsitzende kam auf ihn zu: „Ehrwürdiger, wo seid Ihr gewesen?“ Tsen erwiderte: „Im Gebirge.“ Der Vorsitzende wollte Genaueres wissen: „Bis wohin seid Ihr gekommen?“ Tsen berichtete: „Erst lief ich dem Duft von Gras und Kräutern nach, und auf der Jagd nach fallenden Blüten kam ich nach und nach wieder zurück.“ Der Vorsitzende bemerkte dazu: „Das klingt ja stark nach Frühlingsstimmung.“ Tsen erwiderte: „Ist auch schöner, als wenn Herbsttau auf die Lotusblätter tropft.“

In dieser Meditation geht es um Fühlen, um das Fühlen von „Ich bin". Mit unserem Verstand erkennen wir natürlich alle, daß wir existieren, aber versuche es einmal zu fühlen, anstatt nur zu denken.

Du kannst diese Meditation überall ausprobieren, in der U-Bahn auf dem Weg zur Arbeit oder wenn du zu Hause auf dem Bett liegst, aber am Anfang ist es leichter, sie in der Natur zu machen.

An einem warmen Tag, auf einem Spaziergang, oder wenn du dich auf einer Lichtung in das Gras fallen und die nackten Füße das feuchte Erdreich spüren läßt; die biegsamen, weichen Gräser, gesprenkelt mit glitzerndem Morgentau, der endlose Himmel erstreckt sich weit über dir…

Spüre: „Ich bin". Denke es nicht nur, sondern versuche, es tief in deinem Inneren zu spüren. Dieses großartige Universum umgibt dich, hüllt dich ein, und das Gefühl „Ich bin" ist in dir. Was für ein großartiges Gefühl. So selten erkennen wir an, daß wir lebendig sind, wir nehmen das Leben als selbstverständlich hin. Ich existiere – und diese Existenz ist die meinige. Spüre dieses Gefühl von Einssein mit der Existenz. Fühle es in deinem Körper, und wiederhole es nicht mechanisch mit dem Verstand. Versuche, es überall zu fühlen, von den Zehenspitzen bis zum Scheitel.

Sei erfüllt von diesem Gefühl des Seins – Ich bin. Es ist eine unglaublich glückliche Erfahrung. Je mehr du dieses Gefühl von *Sein* in dir verspürst, je mehr wirst du in deinen Wesenskern zurückkehren und im Augenblick sein. Es geht gar nicht anders, als in die Unmittelbarkeit des Momentes zu kommen. Nur dies. In diesem Moment gibt es keine Dualität, kein Nicht-eins-Sein. Du verschmilzt mit der Existenz und die Existenz mit dir.

Ein anfangloses, endloses Einssein wird dich erfassen, das Universum ist vereint und feiert und tanzt einen Tanz ohne Ende. Der Tautropfen ist im Ozean aufgegangen und der Ozean im Tautropfen.

Es wird berichtet, daß eines Tages, als Hyakujo seinen Meister Baso besuchte, ein Schwarm Wildgänse über ihre Köpfe hinweg flog. Baso fragte: „Was sind sie?“ „Es sind Wildgänse, Meister“, sagte Hyakujo. „Wo sind sie?“ fragte der Meister. „Sie sind weggeflogen, Meister“, antwortete Hyakujo. Baso griff plötzlich nach Hyakujos Nase und kniff zu. Vor Schmerz schrie Hyakujo auf. Baso sagte: „Du sagst, sie sind weggeflogen, und dennoch waren sie von Anfang an hier.“ In diesem Augenblick erlangte Hyakujo die Erleuchtung.

Kinder beschäftigen sich oft mit einem Spiel, bei dem ein Spieler „stop" brüllt und die anderen auf der Stelle „einfrieren" müssen, egal, was sie gerade tun, ob sie einen Fuß in der Luft haben oder ein Glas Milch trinken, was auch immer sie gerade tun, sie müssen sofort wie eingefroren innehalten. Ohne es zu wissen, machen sie eine einfache Meditationsübung.

George Gurdjieff, ein erleuchteter Meister dieses Jahrhunderts, benutzte die Methode oft für seine Schüler. Er brachte ihnen komplizierte Tanzformen bei, und während die Tänzer sich ganz auf den Ablauf konzentrierten, schrie er plötzlich: „Stop!". Und sie mußten sofort anhalten, einerlei, ob da gerade ein Bein in der Luft baumelte. Kein Zurechtrücken war erlaubt, kein bequemes Nachjustieren wurde geduldet, so wie man sich befand, mußte man anhalten.

Was passierte? Im einen Moment war Bewegung, im nächsten uneingeschränkte Stille. Die Tänzer waren völlig in dem Tanz aufgegangen, eingetaucht, in der Bewegung, der Tätigkeit, sie hatten sich selbst in dem Tanz, den Bewegungen verloren. Dann plötzlich: „Halt!". Aus der Geschäftigkeit wurden sie in die Stille geworfen, in ihre Mitte, in ihren Wesenskern. Du kannst es auch versuchen. Das nächste Mal, wenn du im Garten arbeitest, den Boden umgräbst, um ihn für neue Blumen vorzubereiten, versuche es einmal. Spiel einfach mit der Situation. Plötzlich, gerade in dem Moment, da du etwas tun willst, halte inne. Aber mach es total – sag dir nicht, „in fünf Minuten werde ich innehalten", mach es plötzlich. Halt! Es muß unvermittelt kommen, sonst hat es keine Wirkung. Stop, und laß dich aus deiner Geschäftigkeit in einen Zustand der Stille katapultieren. Denk nicht darüber nach, auf einmal – Halt!

Verpasse diesen Augenblick nicht. Selbst wenn du für ein paar Minuten in einer unbequemen Haltung ausharren mußt, verpasse die Erfahrung nicht. Während des Tages, bei jeder Beschäftigung kannst du damit spielen. Du ißt, stop. In diesem Moment des Innehaltens, wenn der Körper einfriert, hält dein Verstand ebenfalls an. In dieser Pause der Geschäftigkeit wird auch der Atem angehalten. Alles steht still, und du tauchst ein in deine Innerlichkeit. Jäh bist du in deiner Mitte, deine ganze nach außen gerichtete Energie ist nach innen gewandt. Verharre in dem Zustand der Unbeweglichkeit für einen Augenblick, genieße die Stille, den Frieden. In diesem Moment existiert nur das Sein.

Ummon sprach zur Versammlung seiner Schüler und sagte: „Jeder hat sein eigenes Licht. Wenn er versucht, es zu sehen, ist nur Dunkelheit. Was ist das Licht eines Menschen?“ Später, sagte er, anstelle der Schüler: „Die Eingangshalle und das Tor.“ Und dann: „Die Dinge preisen kann nicht besser sein als nichts“.

NUR IN EINEM MEDITATIVEN BEWUSSTSEIN werden wir uns unserer Subjektivität, unseres Lichtes bewußt. Dein Wesenskern ist das Licht, von dem Ummon spricht, es ist nicht außen, weit entfernt, sondern hier, vor deiner Nase. Höre auf, im Außen zu suchen, statt dessen richte dein Bewußtsein nach innen. Alles, was du brauchst, ist hier, jetzt, in diesem Moment. Meditation lehrt dich, ein Beobachter zu sein, ein stiller Betrachter.

Ein Vogel zwitschert, du hörst ihm zu; der Vogel ist das Objekt, du bist das Subjekt. Aber darüber hinaus, gibt es den Beobachter, der beides betrachtet. Du bist dieser Beobachter, dieses stille Betrachten....

Der erleuchtete Mystiker Osho schlägt folgende Meditation vor: Wenn die Nacht zu Ende geht, die Morgendämmerung die erste Ahnung des neuen Tages verkündet, erwarte den Sonnenaufgang. So wie du auf deinen Geliebten wartest, mit demselben Verlangen, mit Hoffnung und Kribbeln im Bauch, und doch ganz ruhig, mit diesem Gefühl warte auf den Sonnenaufgang. Wartend beobachte, wie die Sonne langsam am Horizont aufsteigt. Wenn du merkst, daß du angefangen hast zu starren, blinzle ein paarmal. Fühle, wie mit der

Sonne auch etwas in dir langsam steigt. Wenn die Sonne am Horizont erscheint, fühle, wie sie in deinem Inneren, gerade unterhalb des Bauchnabels erscheint. Genauso wie die Sonne weiter am Horizont aufgeht, geht sie langsam, langsam in dir auf. Die Sonne geht auf und erhellt den Tag, genauso steigt ein Licht in dir zu deinem Nabel auf. 10 Minuten sind genug. Schließe die Augen für einen Moment. Wenn du die Sonne mit offenen Augen betrachtest, entsteht ein Negativbild, wenn du sie schließt, erstrahlt sie in blendendem Licht in dir. Dies kann dein ganzes Leben verändern.

Wer selbst sich erhellt, sucht ein einsames Licht,
doch öffnet dem Blick sich ein Spalt.
Fallen die Blüten, so gibt der Baum keinen Schatten.
Wer schaut – sieht er nicht die Gestalt?
Erkennt sie – doch ist das die wahre Sicht?
Er reitet verkehrt auf dem Ochsen hinein
in die Tempelhalle zum Buddhaschrein.

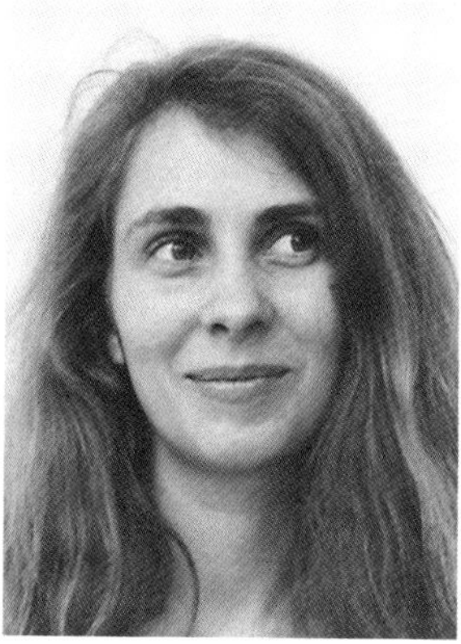

Über die Autorin

Amiyo Ruhnke arbeitet als Autorin und freie Grafikerin in Hamburg. Sie befaßt sich seit über 20 Jahren mit Meditation und fernöstlichen Philosophien. Seit 1981 ist sie Schülerin des indischen Mystikers Osho und hat viele Jahre in seiner Gegenwart verbracht. Von ihr im Urania Verlag bereits erschienen: Kein Innen, kein Aussen, Zen-Koans, Set (Buch mit 48 Karten).

AMIYO RUHNKE
kein innen
kein aussen
ZEN
KOANS
DIE GRENZEN DES VERSTANDES
DURCHBRECHEN
Urania

Kein Innen, kein Aussen, Zen-Koans

48 Zen-Geschichten zum Meditieren. Diese Geschichten werden seit Jahrhunderten von den alten Meistern benutzt, um den Schülern einen Einblick in ihren Wesenskern zu verschaffen. Die Illustrationen der Karten können dabei als Schlüssel dienen. Im beiliegenden Buch sind alle Zen-Geschichten (auch Koans genannt) erklärt. Ebenso finden sich dort weitere Geschichten aus der Welt des Zen und die spannenden Biografien der alten Meister.